AF336410

436

DE
L'INVIOLABILITÉ

ET DE

LA RESPONSABILITÉ

DU

CHEF DU POUVOIR EXÉCUTIF

PAR

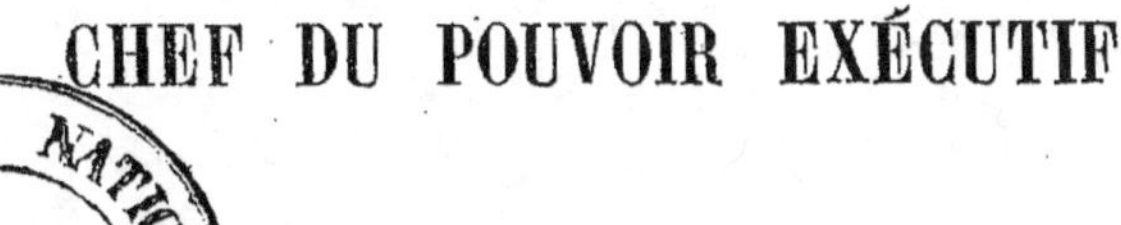

AUG. NOUGARÈDE DE FAYET

14 janvier 1850

PARIS : AMYOT, RUE DE LA PAIX

1850

BIBLIOTHÈQUE NATIONALE
R.F.
IMPRIMÉS.

DE

L'INVIOLABILITÉ

ET DE

LA RESPONSABILITÉ

DU

CHEF DU POUVOIR EXÉCUTIF.

La question de l'inviolabilité et de la responsabilité du chef du pouvoir exécutif préoccupe en ce moment les esprits et donne lieu dans la presse à des discussions nombreuses et animées; nous nous proposons aussi de présenter à ce sujet quelques observations, mais auparavant, et comme nous serons amené à contester l'opinion du Président ou du moins celle des journaux qui prétendent reproduire exactement sa pensée et qui semblent à même de la bien connaître, nous tenons à constater dans quelle situation d'esprit nous écrivons.

Nous n'entendons faire au Président aucune espèce d'opposition, et nous cherchons seulement, par des exemples puisés dans l'histoire de l'Angleterre et dans celle de la France, à ajouter quelque lumière à celle qu'ont déjà jetée sur cette matière de remarquables articles. Quant au Président lui-même, nous rendons pleinement hommage au talent et à la fermeté qu'il a déployés depuis un an, et ne voyant qu'en lui seul un gage de salut et de sécurité pour la France, nous souhaitons ardemment qu'on lui continue un pouvoir dont il a fait un si bon usage.

L'inviolabilité du chef du pouvoir exécutif est une importation de l'Angleterre. Dans l'origine les Anglais, en passant de l'autorité absolue au régime représentatif, avaient seulement enlevé au souverain le droit de lever arbitrairement des impôts, et avaient transféré ce droit à la nation représentée par le parlement. Mais ils reconnurent bientôt que ce changement était insuffisant, et que, par la seule faculté de refuser les subsides, faculté violente et extrême, la nation n'influait pas assez sur la marche habituelle des affaires. Ils furent conduits par là à ce qu'on a appelé la responsabilité ministérielle et l'inviolabilité du chef du Pouvoir exécutif. Le roi nomme les ministres, mais ces ministres ne peuvent conserver le pouvoir qu'autant qu'ils obtiennent la confiance du parlement tout entier; sitôt qu'ils se trouvent en minorité dans le parlement, ils sont obligés et s'empressent du reste aussitôt de se retirer.

On connaît assez les avantages de ce système : le mérite de tout ce qui se fait de bien revient au chef de l'État, et, si quelque faute est commise, le tort en retombe sur ses ministres; par là se trouve conservé le prestige nécessaire à l'autorité, prestige qu'on ne peut plus chercher aujourd'hui, avec le changement des idées, dans la souveraineté de droit divin; par là aussi s'obtient une élasticité indispensable au jeu des institutions, et qui permet, soit de profiter de la capacité éventuelle du souverain héréditaire, soit d'y suppléer au besoin. C'est ainsi, pour citer la circonstance la plus solennelle des temps modernes, que les Anglais ayant à leur tête un roi frappé d'aliénation mentale, ont pu soutenir avantageusement la guerre contre l'empereur Napoléon.

La même organisation a été établie chez nous, mais elle n'y est pas née, comme chez les Anglais, de l'expérience et d'une pratique suivie; elle y a été introduite en quelque sorte tout d'une pièce, et sans avoir assez égard, nous le croyons, à la différence de mœurs et de caractère des deux nations.

En Angleterre, quand la nécessité d'une modification quelconque aux lois et aux règles existantes se fait sentir, ce n'est pas dans le sein du parlement que cette nécessité commence à se manifester : des particuliers plus ou moins nombreux s'en font les promoteurs, des meetings se réunissent et discutent la question, les journaux s'en emparent ; puis, quand elle est ainsi élaborée, les ministres ou des membres de l'opposition parlementaire, de concert avec leurs amis, l'adoptent, la proposent et la soutiennent. Pendant le cours de la discussion, tout se passe avec calme et maturité, à l'abri des entraînements de la parole et de ceux du caractère, et la règle des trois lectures, cette garantie de la réflexion, que nous leur avons récemment empruntée sans trop l'observer, est suivie chez eux avec la plus exacte rigidité.

En France, il n'en est pas de même : les questions s'improvisent souvent sans préparation dans le sein même des assemblées : elles y sont amenées par l'initiative d'un ou de plusieurs membres, ou encore par les pétitions de citoyens obscurs qui demandent au pouvoir législatif de convertir en lois le produit de leurs réflexions particulières. Une fois engagées, les questions sont soumises à toutes les chances de l'entraînement : l'éloquence des orateurs, les passions du moment, espèce de maladies épidémiques, exercent un ascendant continuel, et les matières les plus importantes, celles pour lesquelles la maturité serait le plus nécessaire, sont précisément celles pour lesquelles on précipite le plus les rapports et les décisions.

En sens inverse de ce qui se passe en Angleterre, l'opinion publique n'est saisie des questions que par la discussion devant le parlement, et ne peut par conséquent se prononcer qu'après qu'elles ont été résolues.

Dès lors il n'est pas possible d'attribuer aux votes du pouvoir législatif la même portée qu'on lui donne en Angleterre pour le maintien et la chute des cabinets ; il reste encore à examiner si l'opinion publique ratifie ce vote et le sanctionne, et de cette ratification seule peut dépendre la résolution définitive : un ou deux exemples feront mieux comprendre ce que nous voulons dire.

Lorsqu'en 1839 se forma cette coalition si connue qui réunit dans une même action concertée entre eux, d'une part MM. Guizot et Duvergier de Hauranne et de l'autre MM. Michel de Bourges et Garnier Pagès, le ministère du 15 avril se trouva réduit, dans la discussion de l'adresse, à une très-faible majorité ; il ne crut pas pouvoir rester dans cette situation, le roi partagea cet avis, et l'on eut recours à une dissolution de la Chambre, qui produisit l'agitation dans le pays, l'émeute dans la rue, et des embarras prolongés et dangereux pour le pouvoir.

Nous n'hésitons pas à penser qu'au lieu d'en agir ainsi, le roi aurait dû conserver purement et simplement le ministère Molé : l'opinion publique, loin d'approuver les attaques dirigées contre ce ministère, loin de se passionner pour la maxime *le roi règne et ne gouverne pas*, ou pour les reproches vagues qu'on lui adressait de ne pas couvrir la royauté, désapprouvait hautement les efforts évidents de l'ambition individuelle ; elle blâmait ces hommes qui, pour arriver au pouvoir, n'avaient pas craint d'employer tous les moyens, même celui de jeter la déconsidération sur la personne du souverain dont ils proclamaient si haut l'inviolabilité ; le roi, représentant aussi, quoiqu'à d'autres titres, l'opinion publique, aurait dû les repousser énergiquement du pouvoir, maintenir ses anciens ministres, et, par cette fermeté, il aurait donné à son gouvernement un cachet d'énergie et de haute moralité politique qui lui a trop souvent manqué ; la Chambre des députés elle-même, revenue d'un premier mouvement, aurait de nouveau donné son soutien au cabinet qu'elle avait un instant abandonné.

Plus tard, en 1846 et 1847, bien que le ministère Guizot et Duchâtel fût appuyé par une majorité considérable, le roi aurait dû se séparer de lui, parce que ce ministère, non-seulement n'avait pas pour lui les sympathies du pays, mais était même en butte à ses répulsions; plusieurs faits démontraient l'existence de ces répulsions : on n'osait pas réunir la garde nationale, de crainte de manifestations; le cabinet avait contre lui la presse tout entière, et enfin les amis particuliers des ministres étaient les premiers à leur donner le conseil de se retirer.

Ainsi, au temps de l'inviolabilité, nous ne pensons pas que le pouvoir exécutif dût se soumettre, dans tous les cas, aux votes de la Chambre des députés; nous ne le pensons pas davantage aujourd'hui, sous le régime de la responsabilité. Et ici encore nous appellerons à notre aide un double exemple.

Au mois de janvier 1849, l'Assemblée constituante, voulant renverser le ministère que le Président venait de nommer, le constitua en minorité; le Président le maintint énergiquement et l'opinion publique applaudit. Il était évident en effet que l'Assemblée constituante agissait ainsi dans un but unique d'intérêt personnel, qu'elle cherchait à annuler le Président dont elle avait vu à regret et combattu l'élection, et qu'elle s'efforçait de se perpétuer dans son mandat malgré le vœu unanime de la nation.

Au mois d'octobre suivant, une question semblable se présenta, quoique en ordre inverse : le ministère Barrot et Dufaure était en pleine possession de la majorité de l'Assemblée, mais en même temps des plaintes nombreuses s'élevaient, dans les provinces, sur la faiblesse de l'administration, sur sa lenteur dans les affaires, sur son défaut d'impulsion, sur sa condescendance à maintenir des fonctionnaires que trop de liens rattachaient à la cause du désordre et de l'anarchie :

beaucoup même de représentants, qui donnaient leurs suffrages au ministère, convenaient de ses torts. Le Président a changé ce ministère et il a bien fait ; et, après le premier moment de surprise dû à une marche toute nouvelle et par cela même hardie, l'approbation a été générale ; l'esprit public en a été raffermi, les rentes ont pris un nouvel essor, le mouvement des affaires et du commerce s'est augmenté, et, dans les provinces, les partisans de l'ordre, rendus à la confiance, ont recouvré l'ascendant qui leur était dû.

Mais les organes qui soutiennent la politique du Président et qui se présentent comme reproduisant exactement sa pensée, sont allés plus loin : ils ont érigé en principe que les votes parlementaires ne devaient être comptés pour rien, qu'il suffisait aux ministres de conserver la confiance du Président, et que cette confiance était la seule chose qu'ils eussent à considérer.

C'est là un système qu'il ne nous paraît pas possible d'admettre.

Ils le font reposer sur les termes de la Constitution de 1848 qui a déclaré le Président responsable de tous ses actes ; mais qu'est-ce que cette responsabilité ? Ce ne peut être la responsabilité imposée par les anciennes chartes aux ministres, car elle aboutissait à ce que, lorsqu'une faute grave avait été commise, les ministres donnaient leur démission, le roi restant et choisissant d'autres ministres. Le Président ne peut donner ainsi sa démission.

Quelle est donc la responsabilité nouvelle ? En donnant à ce mot toute la portée qu'on veut lui attribuer, il faudrait aller jusqu'à dire que le Président, étant responsable de tous ses actes, est libre de tout faire. La Constitution a déclaré que, dans le cas de haute trahison, l'Assemblée législative a le droit et le devoir de poursuivre le Président devant la Haute Cour nationale, mais, pour tous les autres actes du Président, elle n'a établi aucune sanction pénale ; faut-il con-

clûre de ce silence que, sauf le cas de haute trahison,
le Président peut s'abandonner sans réserve à toutes
ses volontés?

Certes ce n'est pas nous qu'on accusera d'avoir
pour la Constitution de 1848 une admiration et un
respect exagérés; nous espérons bien au contraire
qu'il arrivera un moment où elle sera révisée et consi-
dérablement amendée, mais en attendant elle forme
notre règle, et si, à défaut d'explication donnée par
elle, on consulte son esprit, on aura peine sans doute
à y trouver l'extension de pouvoirs dont il est ici question : les hommes d'État qui ont dirigé sa rédaction
avaient au contraire pour objet, ainsi que l'a expliqué
M. Marrast dans son rapport, d'enfermer le Président
de la République dans un cercle étroit d'où il ne lui
fût pas possible de sortir.

Nous ne pensons donc pas que le mot de *responsabilité*, substitué dans la Constitution de 1848 au mot
d'*inviolabilité* par des hommes qui sans doute ne se
rendaient pas bien compte de la différence, puisse
changer les principes généraux que nous venons de
poser, et qui nous paraissent fondés sur la nature et
sur l'essence même des choses.

On cite les États-Unis, mais il ne nous semble pas
que leur exemple soit applicable; aux États-Unis, les
ministres n'ont pas entrée dans le sein des Assemblées : les différents projets de loi ne sont pas apportés et soutenus à la tribune par le ministre de la guerre,
celui de la marine, celui de l'intérieur : ils sont simplement envoyés par le Président au nom du gouvernement, et dès lors les votes des Assemblées se font en
quelque sorte en dehors des ministères et de chaque
ministre.

Quant à une imitation qu'on songerait à faire parmi
nous de cette manière d'agir, quant à un système d'a-
près lequel les ministres, ayant la faculté mais non
l'obligation de se rendre dans l'Assemblée, s'en abs-
tiendraient autant que possible ou même complé-

tement, il peut être en lui-même bon et utile et nous sommes disposé à le penser, mais il ne nous paraît pas compatible avec notre caractère et nos habitudes actuelles.

Non-seulement la Constitution de l'an viii ne rendait pas le premier Consul responsable de tous ses actes, mais elle le déclarait même expressément affranchi de toute espèce de responsabilité (art. 69). Cette disposition ne l'a pas empêché de soutenir dans l'occasion ses ministres malgré les votes contraires du tribunat et du corps législatif; pourquoi? Parce que dans les mesures qu'il proposait, parce que dans les choix qu'il avait faits des ministres et en général de tous les fonctionnaires, il avait pour lui l'appui de l'opinion générale.

Cette dernière observation, quant à la manière d'agir du gouvernement actuel, nous amènerait à un ordre d'idées dans lequel nous ne voulons pas entrer, celui des appréciations de personnes; qu'il nous soit cependant permis de dire que si une partie des nominations faites par le Président, soit au dedans soit au dehors du cabinet, a été approuvée par l'opinion, toutes cependant à beaucoup près n'ont pas obtenu le même assentiment.

Les membres éclairés des assemblées délibérantes admettent parfaitement que leurs discussions sont sujettes à l'entraînement, et que dès lors leurs votes ne doivent pas décider sans réserve du maintien ou de la chute du ministère; ils trouvent utile, au contraire, que le Président en appelle au besoin à eux-mêmes de leurs propres résolutions; mais voir établir en principe qu'on n'est jamais tenu d'avoir égard à leur opinion même la plus calme, la mieux raisonnée, la plus conforme à l'intérêt public, les attriste et les blesse profondément.

Il faut faire la part de l'esprit naturellement frondeur des Français : ils aiment à tourmenter le pouvoir et sont toujours disposés à saisir le côté des choses qui peut prêter à la critique : donner trop d'importance à cette critique que leurs auteurs eux-mêmes sont prêts à abandonner, se roidir et réagir contre elle, c'est tendre inutilement et d'une manière dangereuse les ressorts du gouvernement.

Il est un fait qui résulte de toute la polémique engagée sur ces matières et même des actes officiels, et que nous ne saurions trop déplorer : le Président a trop vu, dans ce qui s'est passé depuis deux ans à son égard, l'action des anciens partis politiques; il leur a attribué, par exemple, l'opposition mise à son élection, c'est une erreur : l'opposition apportée à son élection venait uniquement des préventions que des apparences trompeuses avaient fait concevoir contre lui à un très-grand nombre d'hommes du parti de l'ordre : instruit, comme on l'est à présent, on lui aurait donné non pas seulement cinq millions et demi, mais la presque totalité des suffrages.

Qu'il nous soit permis d'exprimer à cet égard toute notre pensée. On a reconnu, disons-nous, l'erreur dans laquelle on était tombé au sujet du Président; mais il n'y a pas bien longtemps qu'il en est ainsi : il n'y a pas trois mois encore que l'on hésitait sur le degré d'influence que son entourage pouvait exercer, que l'on se demandait s'il était bien ferme dans les principes d'ordre et de conservation, et l'on peut se rappeler tous les bruits inquiétants répandus à cet égard. Si les discours solennels prononcés alors pour l'installation de la magistrature et pour les récompenses décernées à l'industrie ont produit une si vive impression et répandu une si grande joie, c'est qu'ils donnaient à connaître, d'une manière plus positive que par le passé, les sentiments qui l'animaient.

Sans doute, il existe aujourd'hui, dans certains esprits, des souvenirs, des regrets, des sympathies. Il y a beaucoup d'hommes qui, tout en rendant justice à Louis Bonaparte, auraient préféré que d'autres principes et d'autres chefs eussent été appelés à diriger la conduite des affaires ; mais faut-il se blesser de ces sentiments? Trouverait-on même bien honorable à ces hommes de renoncer, en un instant, aux pensées, aux affections, aux convictions de toute leur vie? Que peut-on leur demander, sinon de soutenir loyalement le gouvernement actuel, de le seconder dans les efforts qu'il fait pour parvenir au bien public?

Ce n'est pas par les exagérés, par les ambitieux, par les fous d'un parti qu'il faut le juger; c'est par ses membres raisonnables et éclairés. Eh bien! dans les anciens partis, il n'est pas un homme de quelque valeur qui ne comprenne que la question n'est pas aujourd'hui politique mais sociale, qu'il s'agit de la conservation ou de la destruction, et que Louis Bonaparte est plus en position que personne de sauver la société.

Ce que nous croyons pouvoir appeler des préventions mal fondées, dans l'esprit du Président, contre les anciens partis politiques, a produit des résultats funestes : elles l'ont conduit à exprimer à leur égard des reproches très-vifs dans son message du 31 octobre, et de là une première cause d'irritation qui n'a fait ensuite que s'augmenter par elle-même, par des points de contact continuels et inévitables, par le sentiment qui avait produit la première division, par les développements enfin dans lesquels sont entrés sur ce point les organes semi-officiels du gouvernement.

Ces derniers se sont plaints que l'Assemblée retardât l'expédition des affaires, qu'elle empêchât le Président de substituer, comme il l'avait promis, l'action aux paroles, qu'elle fît perdre aux ministres une grande partie de leur temps et les empêchât de travailler d'une manière utile et positive; ils ont traduit en des marques d'ambition et presque de complot les actes souvent les plus inoffensifs des représentants. L'Assemblée de son côté s'est plainte de ces attaques d'autant plus imméritées qu'elle n'a pas cessé de seconder le Gouvernement dans toutes les mesures intéressant l'ordre et la prospérité publique; elle a donné la majorité au ministère pour la question des boissons où il y avait à faire tant de sacrifices d'intérêts locaux, pour l'ordre du jour sur les affaires de la Plata malgré la diversité complète des systèmes et des convictions, pour les instituteurs communaux, vote qui a été pour un grand nombre de représentants un témoignage complet de confiance; elle demande si les retards qu'on lui reproche dans la discussion du budget ne sont pas dus en grande partie aux modifications générales et spéciales introduites par les nouveaux ministres, et si elle a manqué du moins de diligence pour régulariser tous les crédits supplémentaires qui lui étaient apportés.

Sans doute, en certaines occasions, la majorité en faveur du ministère a été moins forte que dans les autres; sans doute pour quelques objets d'un intérêt moins pressant, l'Assemblée a repoussé ou modifié les projets de loi; mais les hommes qui soutiennent si énergiquement les prérogatives du Président, veulent-ils refuser à l'Assemblée, comme lui l'un des deux grands pouvoirs de l'Etat, sa liberté de pensée et sa latitude d'action?

Nous ne nierons pas qu'il n'y ait dans le sein de l'Assemblée des intrigues et des efforts d'ambition personnelle, mais, pour être juste et impartial, n'y en a-t-il pas aussi ailleurs? Celles de l'Assemblée sont publiques en quelque sorte et à découvert, mais s'il était permis de soulever le voile qui recouvre des faits plus cachés, pense-t-on qu'il ne se rencontrât ailleurs rien que l'abnégation personnelle la plus complète et le désintéressement le plus absolu?

Admettons pour un instant que les adversaires de l'Assemblée pussent réussir à démontrer, suivant leur tendance évidente, qu'elle est un obstacle à l'expédition des affaires et à la marche même du Gouvernement, quelle conclusion voudraient-ils en tirer, quelle serait la conséquence de leurs arguments? Voudraient-ils déconsidérer l'Assemblée, et se servir de ce qu'ils appellent le peuple par opposition aux partis politiques pour la renverser? Mais ce renversement lui-même, comment le conçoivent-ils? Aurait-il lieu par la force et par la violence? Puis, ce renversement opéré, que se proposent-ils de mettre à la place de l'Assemblée? Veulent-ils attribuer au Président un pouvoir sans limite, un pouvoir de sultan? ou bien tiennent-ils en réserve, pour nous les offrir, la Constitution de l'an VIII, ou quelqu'une des constitutions impériales? L'esprit se perd en vérité au milieu du vague et de l'incertitude des conjectures auxquelles il est possible de se livrer.

Veulent-ils au contraire, malgré toutes les apparences, conserver l'Assemblée, ce qui est conforme à la Constitution actuelle? Mais alors, pourquoi s'attacher à jeter sur elle la défaveur, et n'est-ce pas là une grave imprudence?

Au milieu de ces constatations faites contre l'Assemblée, qu'arrivera-t-il? L'inquiétude renaîtra dans les esprits, les affaires seront de nouveau paralysées, les rentes fléchiront, le commerce et l'industrie retomberont en stagnation; les ouvriers privés de travail, pressés par la misère à laquelle ils venaient à peine d'échapper, s'occuperont peu de faire des distinctions politiques et de savoir à qui ils doivent en attribuer la cause, et les agitateurs, toujours prêts à profiter de tous les embarras publics et à les exploiter, ne manqueront pas d'en faire retomber la faute sur le gouvernement tout entier.

Déjà, en ce moment, malgré la tranquillité matérielle acquise et assurée dans les rues, malgré une foule de symptômes favorables, une vague anxiété règne de toutes parts et assombrit l'horizon.

Nous avons cité précédemment l'exemple du premier Consul; nous le citerons encore et nous aurons toujours à le citer, quand il s'agira d'une impulsion juste et puissante à imprimer en France à la marche du gouvernement.

En recevant, après le 18 brumaire, la Constitution de l'an VIII, il y trouva, comme élément de discussion parlementaire et de vote des lois, d'une part le sénat et de l'autre le corps législatif et le tribunat. Ce système, bien plus compliqué que l'Assemblée unique actuelle, n'était pas toujours de nature à lui plaire et à lui convenir; il en résultait souvent pour lui les plus graves embarras; voit-on cependant qu'il ait cherché à déconsidérer tous ces corps, qu'il se soit efforcé de faire ressortir aux yeux de tous les difficultés qu'ils lui suscitaient pour la marche du gouvernement? nullement, tous ses soins tournaient à s'en servir et à les faire concourir avec lui au bien et à l'intérêt général.

Il divisa les affaires en deux catégories de questions, les unes tenant à la tranquillité publique et au rétablissement de l'ordre et ayant par là une véritable urgence; les autres pouvant être remises à un autre temps; celles qui étaient urgentes, il s'arrangea pour les faire discuter les premières et les fit adopter au besoin sous forme de lois transitoires. Il s'attacha à conserver avec tous les corps votants et délibérants de bons rapports, et M. Thiers raconte dans son Histoire comment Cambacérès, avec son jugement si juste et son esprit si conciliant, fut chargé d'aplanir toutes les difficultés et de ménager les amours-propres; enfin et surtout les mesures qui dépendaient uniquement de lui comme chef du pouvoir exécutif recevaient, de l'activité de son génie et de la capacité des hommes dont il avait su s'entourer, une merveilleuse impulsion.

Ce que le premier Consul a fait, il faut le faire encore aujourd'hui. Il faut maintenir avec l'Assemblée la concorde la plus étroite, fermer les yeux sur des torts réels et ne pas en imaginer d'autres qui n'ont pas de réalité; il faut que le gouvernement sache prendre avec activité et énergie toutes les mesures d'administration exécutive qui lui appartiennent en propre sans le concours de l'Assemblée, et nous n'hésitons pas à dire que toutes les mesures de ce genre n'ont pas encore été prises ; il faut que pour exécuter ces mesures il appelle partout à le seconder des fonctionnaires tels que les choisissait l'Empereur : capables, honnêtes, éclairés, zélés pour le bien public.

Quant aux mesures qui ne peuvent s'accomplir qu'avec le concours de l'Assemblée, il faut, comme nous venons de le dire, en faire le triage ; il faut obtenir sous forme de lois transitoires celles qui sont urgentes, et remettre les autres à un délai plus éloigné.

Si bien intentionnée que soit la majorité de l'Assemblée, elle ne peut agir utilement qu'autant qu'elle est réunie, concentrée, dirigée dans une même impulsion. Au mileu des circonstances graves où nous nous trouvons, le gouvernement est naturellement appelé à remplir ce rôle, et le dernier ministère, malgré les reproches qu'on pouvait lui adresser à d'autres égards, le remplissait en effet ; le ministère actuel, pris exclusivement dans les rangs de la majorité, y aurait également convenu ; mais il s'est trouvé gêné sous ce rapport par la position que lui avait faite à son entrée aux affaires le message du Président. Loin de penser à prendre aucune espèce de direction, les ministres n'ont songé qu'à se mettre à côté et en dehors de la majorité, ils ont craint de se commettre, et bien qu'assurés de leur maintien malgré tous les échecs, ils ont préféré ne pas s'y exposer ; ils ont éludé de faire connaître leur opinion toutes les fois qu'ils n'y étaient pas absolument obligés, et sans cesse depuis deux mois on a été réduit à les contraindre de se prononcer.

Si, comme nous l'espérons, la concorde se rétablit, ils pourront prendre vis-à-vis de la majorité une attitude meilleure et plus utile ; ils pourront provoquer et diriger, dans les affaires soumises à l'Assemblée, la classification dont nous venons de parler ; ils pourront engager l'Assemblée à ajourner sans réserve toutes les propositions si multipliées qui lui sont faites, propositions dont quelques-unes sont utiles en elles-mêmes, mais doivent céder la place à d'autres plus importantes et plus urgentes.

Ils pourront, ils devront inviter l'Assemblée à entrer pour la tenue de ses séances dans une voie nouvelle : ces séances de chaque jour, sans interruption et sans intervalle, absorbent tout le temps et des représentants et des ministres : le travail des commissions et celui des bureaux devient difficile et en quelque sorte impossible; les ministres n'ont pas un instant à eux, et tout cela pour des séances trop souvent remplies par des interpellations inutiles ou par de futiles et ridicules incidents.

Des ajournements espacés à certains intervalles, ainsi qu'on le fait en Angleterre et aux États-Unis, permettraient aux représentants de prendre un repos nécessaire, de travailler avec plus de fruit, de sortir de l'atmosphère parlementaire dans laquelle ils vivent trop exclusivement renfermés, de se retremper enfin par des communications au dehors. Les Montagnards sont les seuls qui s'opposent à ces ajournements, et cela est tout simple, car, ne faisant rien, ils n'ont aucun besoin de suspension et de repos.

Voilà quel devrait être à nos yeux le rôle du gouvernement; l'Assemblée, de son côté, écartant tout amour-propre pour ne songer qu'au bien du pays, devrait se prêter à cette impulsion salutaire qui lui serait apportée; elle devrait faire tous les efforts en son pouvoir pour se rapprocher autant que possible du Président, et, par le bon accord ainsi rétabli, la confiance publique que ce trouble passager a pu un instant ébranler ne tarderait pas à être raffermie.

Le Président et l'Assemblée, nous en sommes convaincu, sont animés du désir du bien public; le Président désavoue toute pensée de coup d'État et nous croyons fermement à sa parole; mais si la discorde se perpétue entre eux, qui peut dire où l'on sera fatalement amené ? Une concorde entière, nous le croyons,

est le seul moyen d'échapper à une crise qui se pro-
duirait malgré tous les vœux et tous les efforts, et qui
tournerait en définitive au profit du désordre et de
l'anarchie.

R.F. BIBLIOTHÈQUE NATIONALE IMPRIMÉS.

DE L'IMPRIMERIE DE CRAPELET, RUE DE VAUGIRARD, 9.

www.ingramcontent.com/pod-product-compliance
Lightning Source LLC
LaVergne TN
LVHW010137060726
842524LV00005B/1978